# EXERCICES

POUR SERVIR

# À L'ÉTUDE DE L'HARMONIE PRATIQUE

EXTRAITS DU

## LEHRBUCH DER HARMONIE

DE

E. FRIEDRICH RICHTER.



---

TEXTE TRADUIT DE L'ALLEMAND ET ANNOTÉ

PAR

**GUSTAVE SANDRÉ,**

PROFESSEUR D'HARMONIE PRATIQUE AU CONSERVATOIRE ROYAL DE BRUXELLES.

*OUVRAGE ADOPTÉ AU CONSERVATOIRE ROYAL DE BRUXELLES.*

DEUXIÈME ÉDITION.

LEIPZIG ET BRUXELLES,

BREITKOPF & HÆRTEL, EDITEURS.

1890.

Imprimerie de Breitkopf & Härtel à Leipzig.

## AVERTISSEMENT.

En publiant une version française d'une partie du célèbre ouvrage de Friedrich Richter »Lehrbuch der Harmonie«, nous croyons être utile à MM. les professeurs qui trouveront dans ce recueil d'exercices essentiellement pratiques, de nombreux sujets d'étude pour leurs élèves.

Les leçons contenues dans ce volume peuvent être réalisées par écrit; mais c'est surtout au point de vue de la réalisation au clavier que nous nous permettons d'en conseiller l'étude.

Nous engageons MM. les professeurs à exiger de leurs élèves qui travailleront ainsi ces Exercices, l'emploi fréquent de la position divisée, deux parties à gauche, deux parties à droite. Ex.

Après avoir vaincu les premières difficultés qui résultent de cette manière de formuler les accords, les élèves acquerront rapidement une grande habileté technique.

A la fin de chaque série d'exercices, on trouvera un certain nombre de Basses non chiffrées. Les élèves devront, en harmonisant ces Basses, s'appliquer à employer, toutes les fois que ce sera possible, l'accord faisant l'objet de la leçon.

Nous espérons que, grâce au nom de l'éminent auteur du »Lehrbuch der Harmonie« cet ouvrage sera bien accueilli par MM. les professeurs français et belges.

**Gustave Sandré,**
professeur d'harmonie pratique au Conservatoire Royal de Bruxelles.

# PREMIÈRE PARTIE.

## BASSES À RÉALISER.

### ACCORDS DE TROIS SONS*).

#### 1⁰ MODE MAJEUR.

*) Accords parfaits majeurs et mineurs, accords de quinte mineure et de quinte augmentée.

## 2⁰ MODE MINEUR.

## RENVERSEMENTS DES ACCORDS DE TROIS SONS*).

*) Accords de sixte et de quarte et sixte.

7.
8.
9.
10.
11.
12.
13.
14.
15.
16.
17.
18.
19.
20.

## BASSES À CHIFFRER.

## ACCORDS DE QUATRE SONS.

### 1° ACCORD DE SEPTIÈME DE PREMIÈRE ESPÈCE*).

*) Septième Dominante.

## BASSES À CHIFFRER.

## RENVERSEMENTS DE L'ACCORD DE SEPTIÈME DOMINANTE*).

*) Accords de quinte mineure et sixte, de sixte sensible et de triton.

8.
9.
10.
11.
12.
13.
14.
15.
BASSES À CHIFFRER.
1.
2.
3.
4.

5.

## 2° ACCORDS DE SEPTIÈME DE DEUXIÈME, TROISIÈME ET QUATRIÈME ESPÈCE.

## BASSES À CHIFFRER.

## SUCCESSIONS OU ENCHAÎNEMENTS D'ACCORDS DE SEPTIÈME.

## ACCORDS DE SEPTIÈME DANS LE MODE MINEUR.

## BASSES À CHIFFRER.

3.

4.

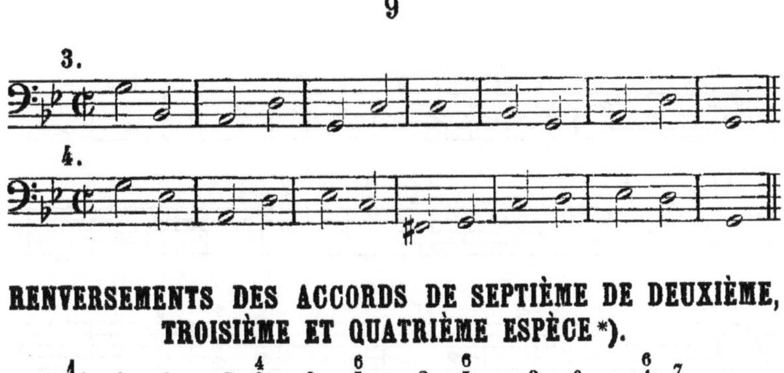

## RENVERSEMENTS DES ACCORDS DE SEPTIÈME DE DEUXIÈME, TROISIÈME ET QUATRIÈME ESPÈCE *).

1.

2.

3.

4.

5.

6.

7.

8.

9.

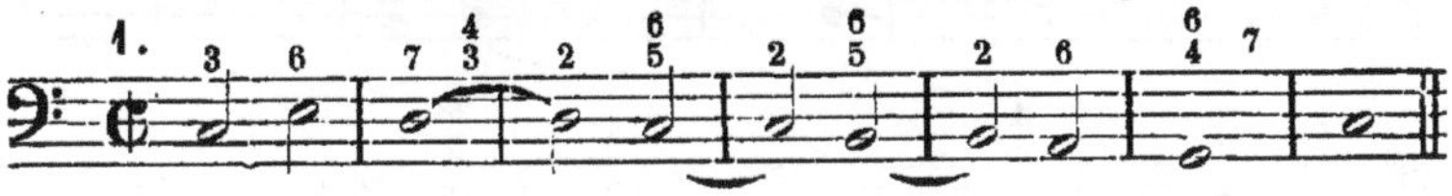

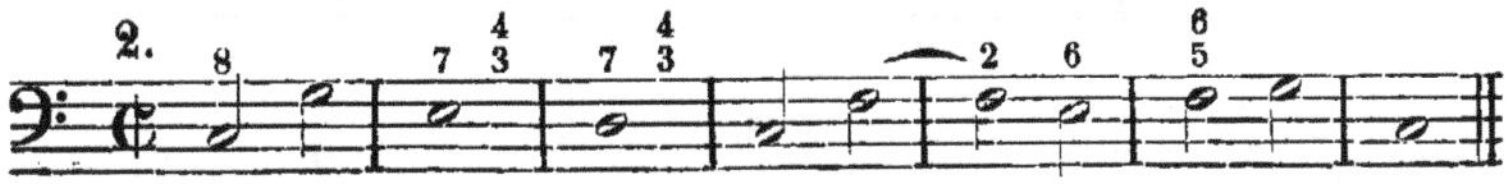

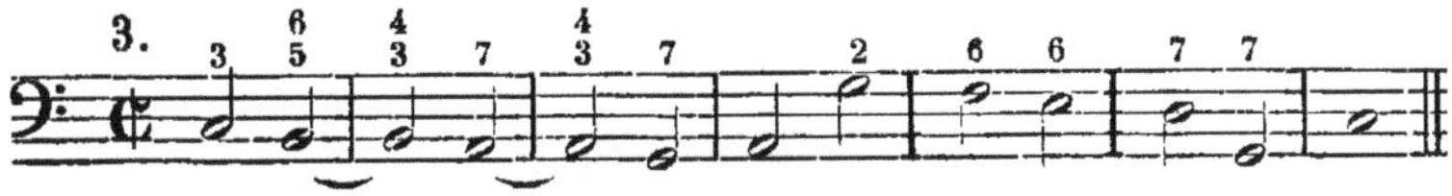

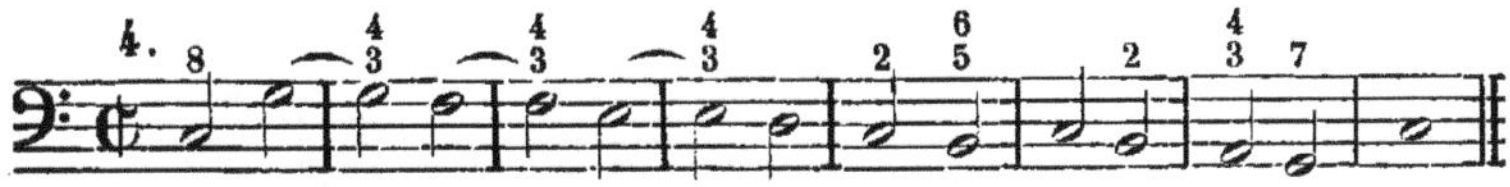

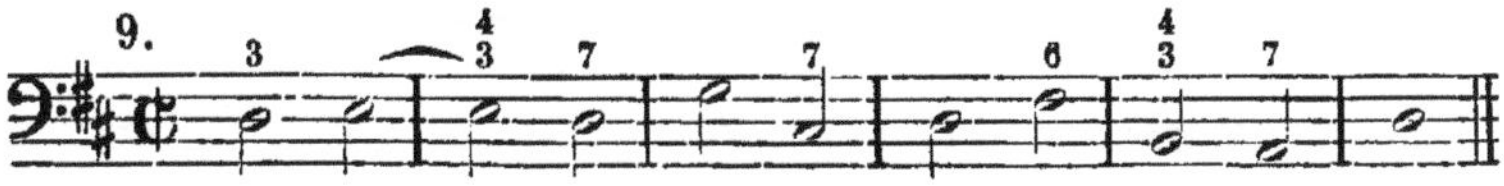

*) Accords de quinte et sixte, de tierce et quarte et de seconde.

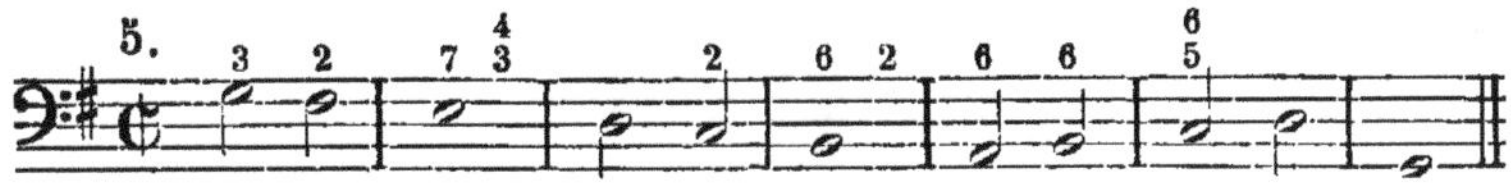

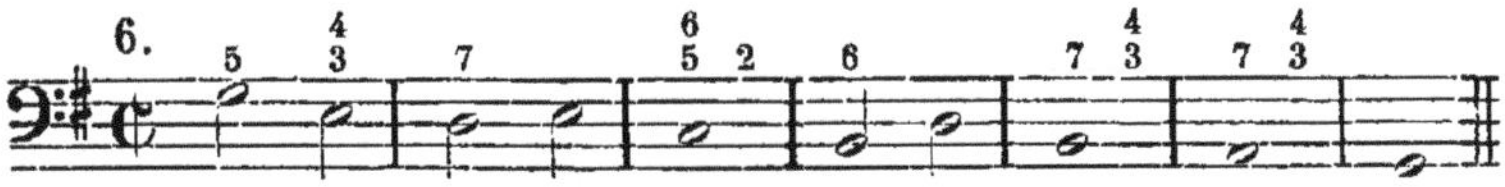

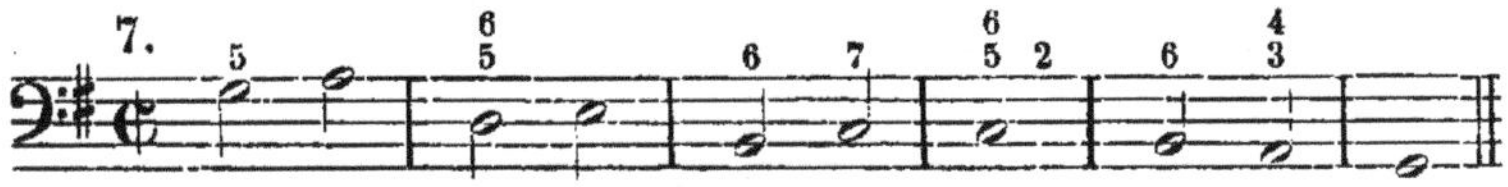

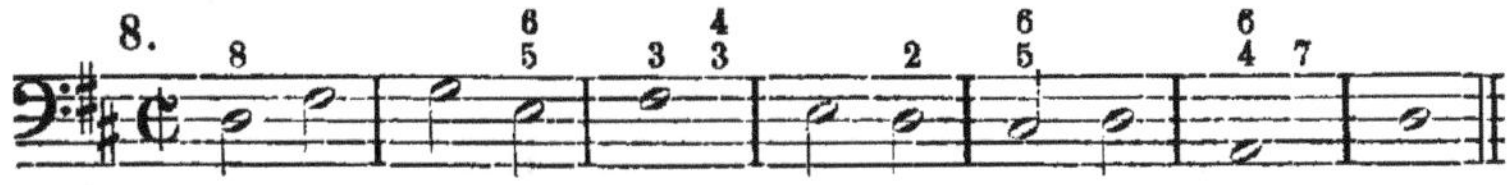

10.
11.
12.
13.
14.
15.
16.
BASSES À CHIFFRER.
1.
2.
3.
4.
5.

6.

7.

8.

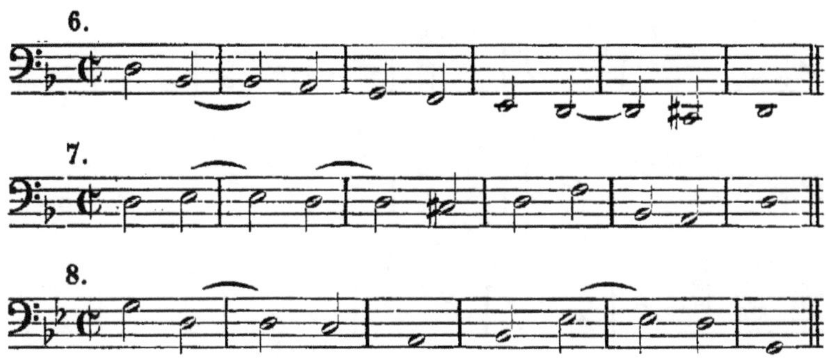

## ENCHAÎNEMENT DE L'ACCORD DE SEPTIÈME DOMINANTE AVEC LES DIFFÉRENTS ACCORDS DU TON. CADENCE ROMPUE.

1.

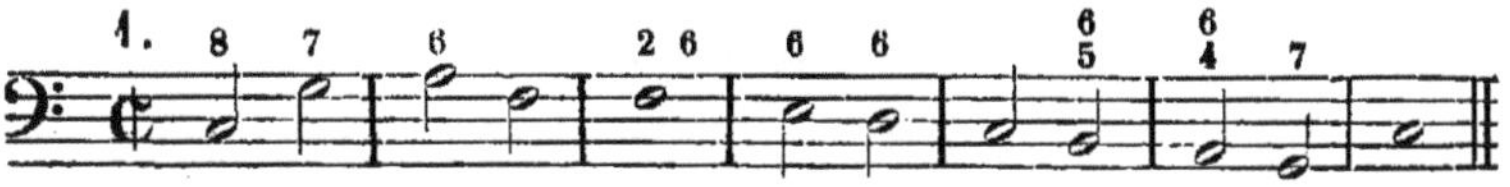

2.

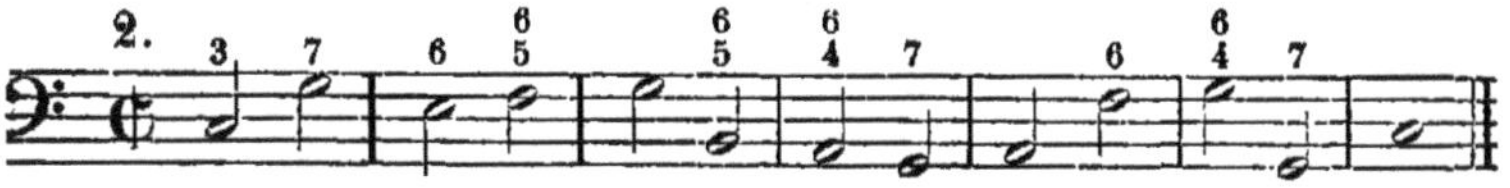

3.

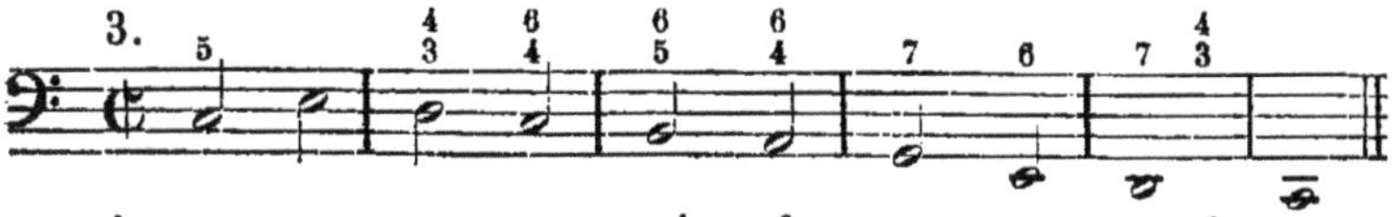

4.

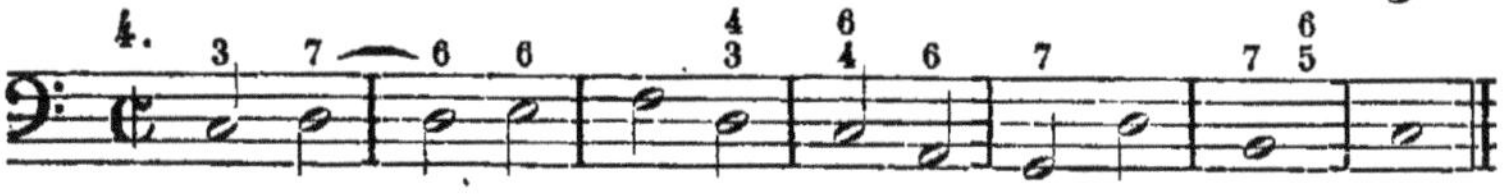

5.

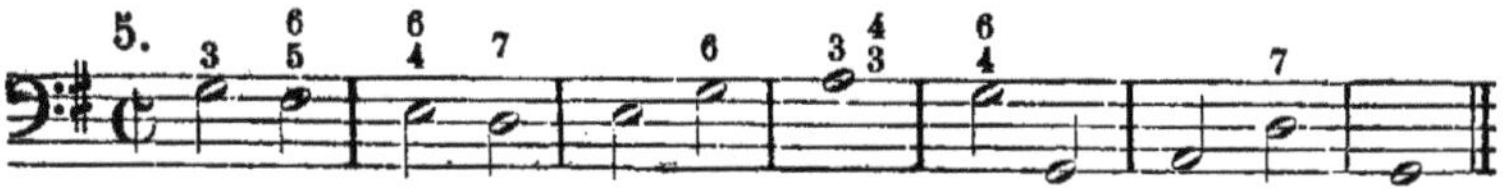

6.

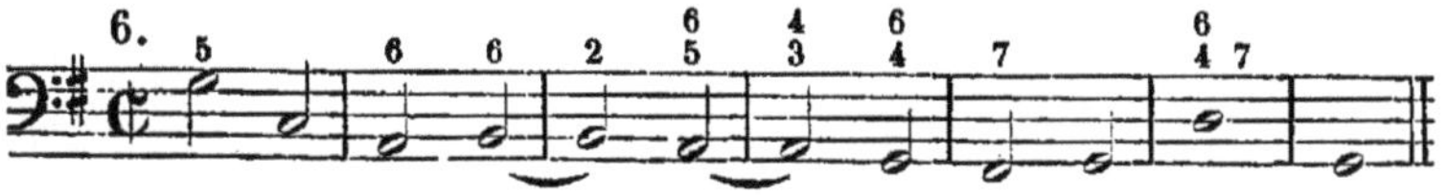

7.

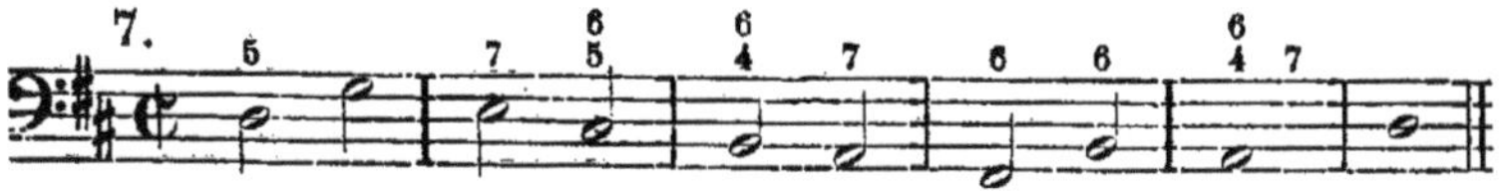

8.

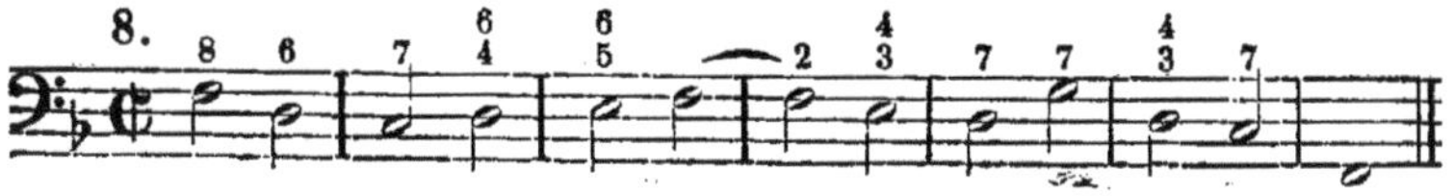

## BASSES À CHIFFRER.

## ENCHAÎNEMENT DES ACCORDS DE SEPTIÈME AVEC LES DIFFÉRENTS ACCORDS DU TON.

## BASSES À CHIFFRER.

ACCORDS PARFAITS, ACCORDS DE SEPTIÈME AVEC QUINTE AUGMENTÉE.
BASSES À CHIFFRER.

# ACCORDS DE SIXTE AUGMENTÉE, DE TIERCE QUARTE ET SIXTE AUGMENTÉE, DE QUINTE ET SIXTE AUGMENTÉE.

1.

2.

3.

4.

5.

6.

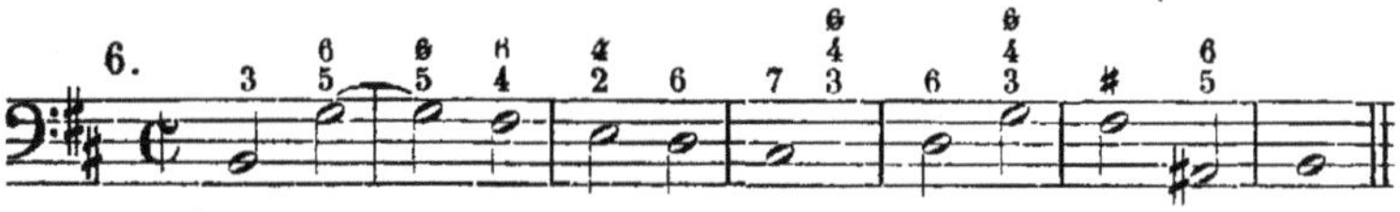

7.

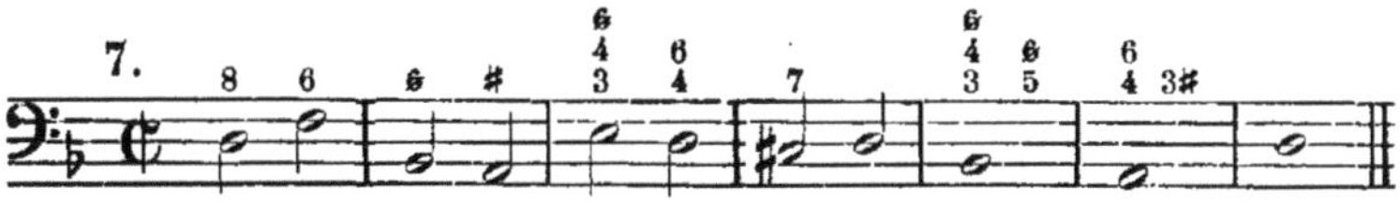

8.

## BASSES À CHIFFRER.

1.

2.

# MODULATIONS.

10.
11.
12.
13.
14.
15.
16.
17.

26.
27.
28.
29.
30.
31.
32.

## BASSES À CHIFFRER.

## PROLONGATIONS OU RETARDS.

9.
10.
11.
12.
13.
14.
15.
16.

## BASSES À CHIFFRER.

4.
5.
PROLONGATIONS DANS PLUSIEURS PARTIES.
1.
2.
3.
4.
5.

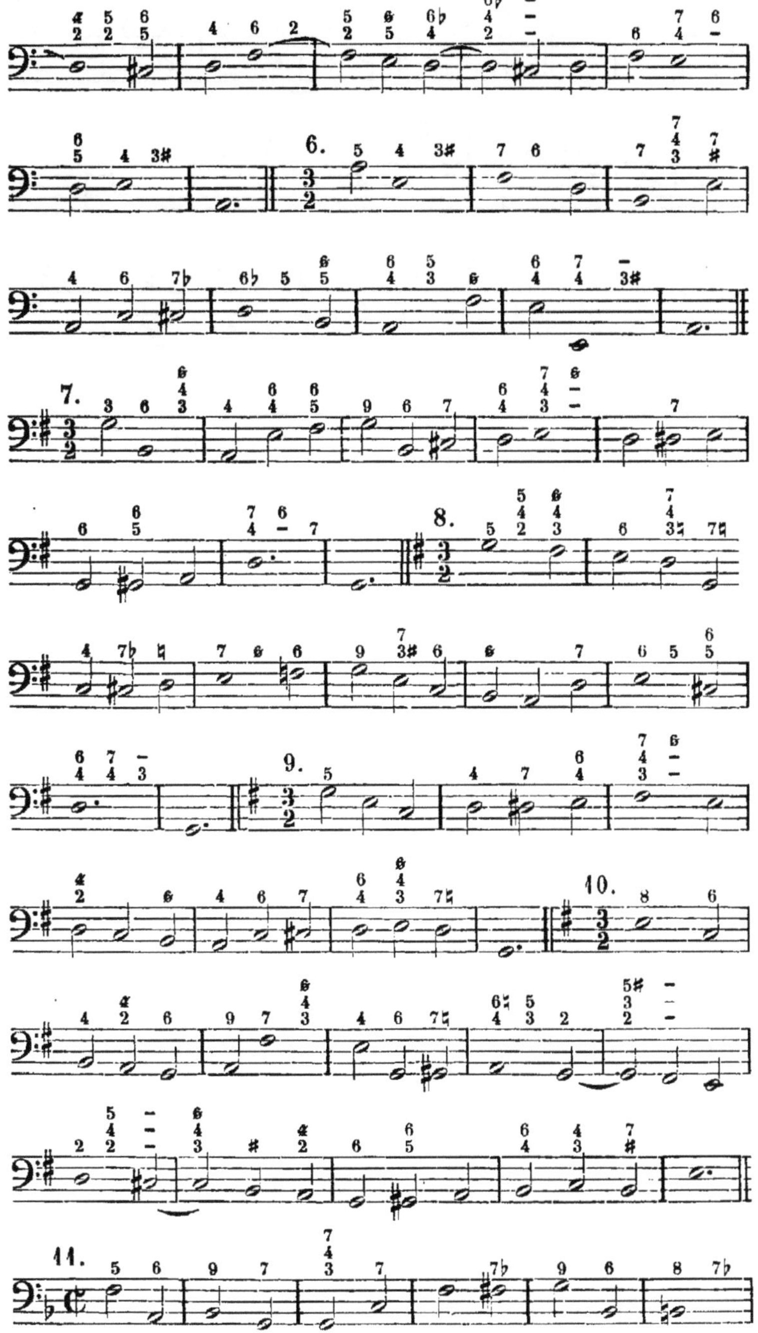
6.
7.
8.
9.
10.
11.

12.
13.
14.
15.
16.
17.

## BASSES À CHIFFRER.

1.

2.

3.

4.

5.

6.

# DEUXIÈME PARTIE.

## CHANTS DONNÉS À HARMONISER*).

*) Nous conseillons à l'élève de se borner, en commençant ce travail, aux seules ressources que lui offre l'harmonie consonnante à laquelle il pourra ajouter quelques prolongations.

Ce n'est ce que plus loin qu'il devra chercher l'emploi de tous les artifices harmoniques qu'il aura à sa disposition.

10.
11.
12.
SUITE.
1.
2.
3.
4.
5.
6.
7.
8.

9.
10.
11.
12.
SUITE.
1.
2.
3.
4.
5.
6.
7.

8.
9.
10.
11.
12.
SUITE.
1.
2.
3.
4.
5.
6.

7.
8.
9.
10.
11.
12.
THÈMES POUR ALTO DONNÉ.
1.
2.
3.
4.
5.

## THÈMES POUR TÉNOR DONNÉ.

5.

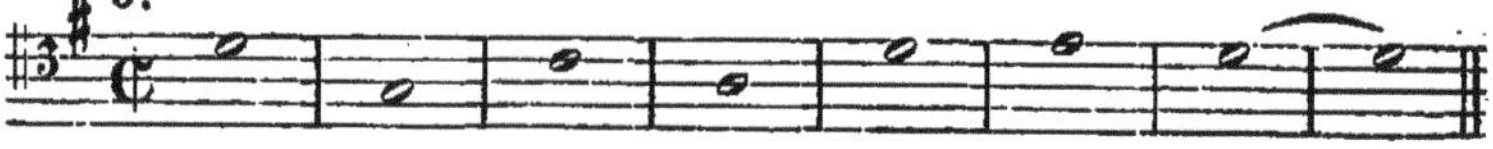

6.

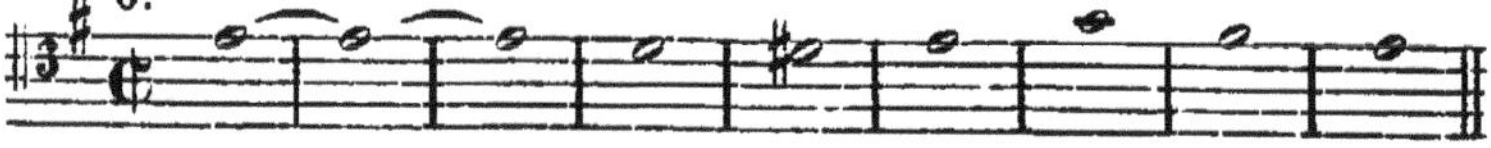

7.

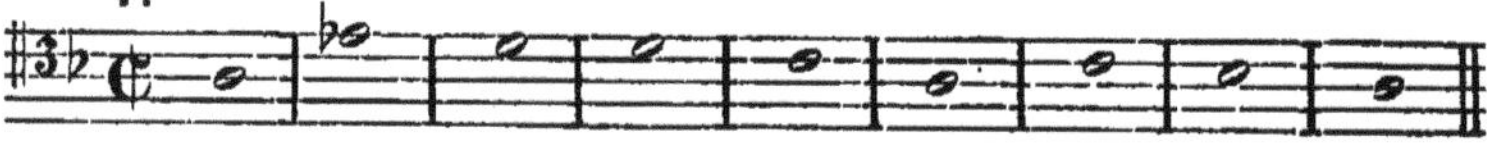

8.

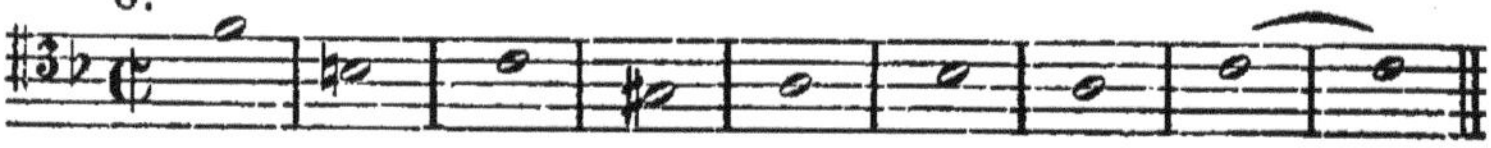

9.

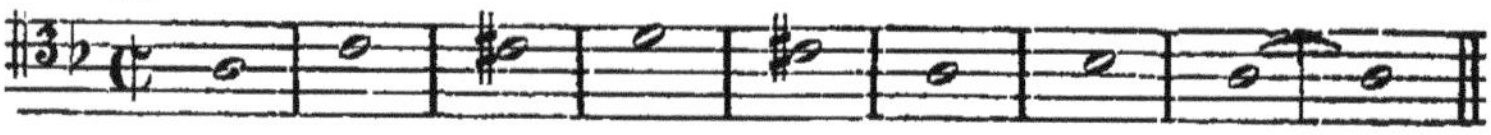

10.

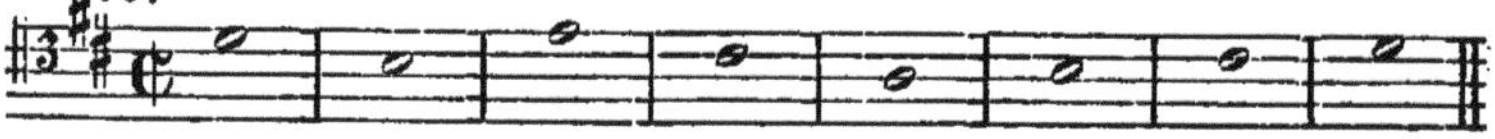

11.

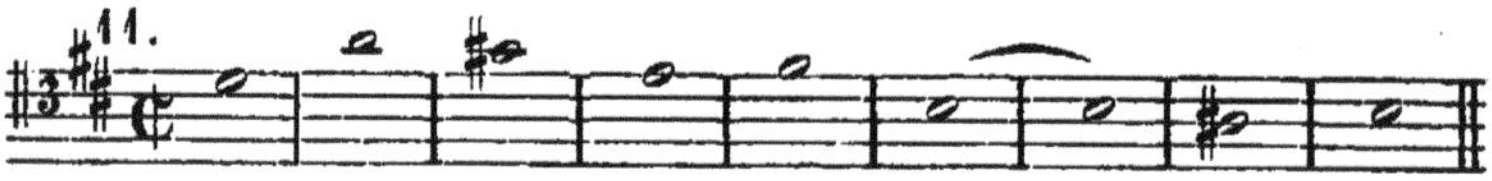

12.

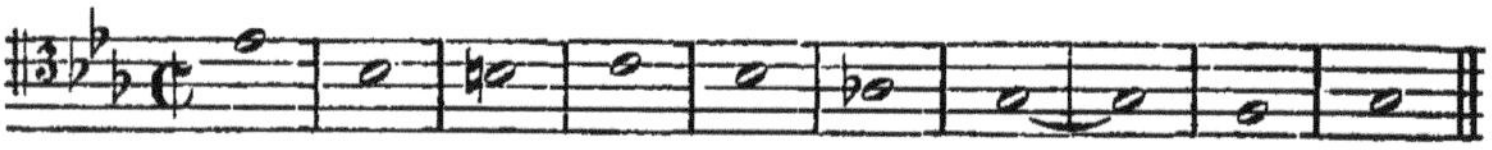

## CHANTS À HARMONISER À TROIS ET À QUATRE VOIX.

### A. SOPRANO DONNÉ.

1.

2.

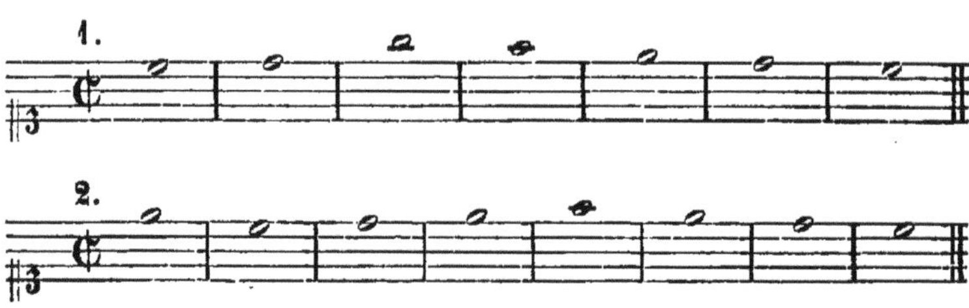

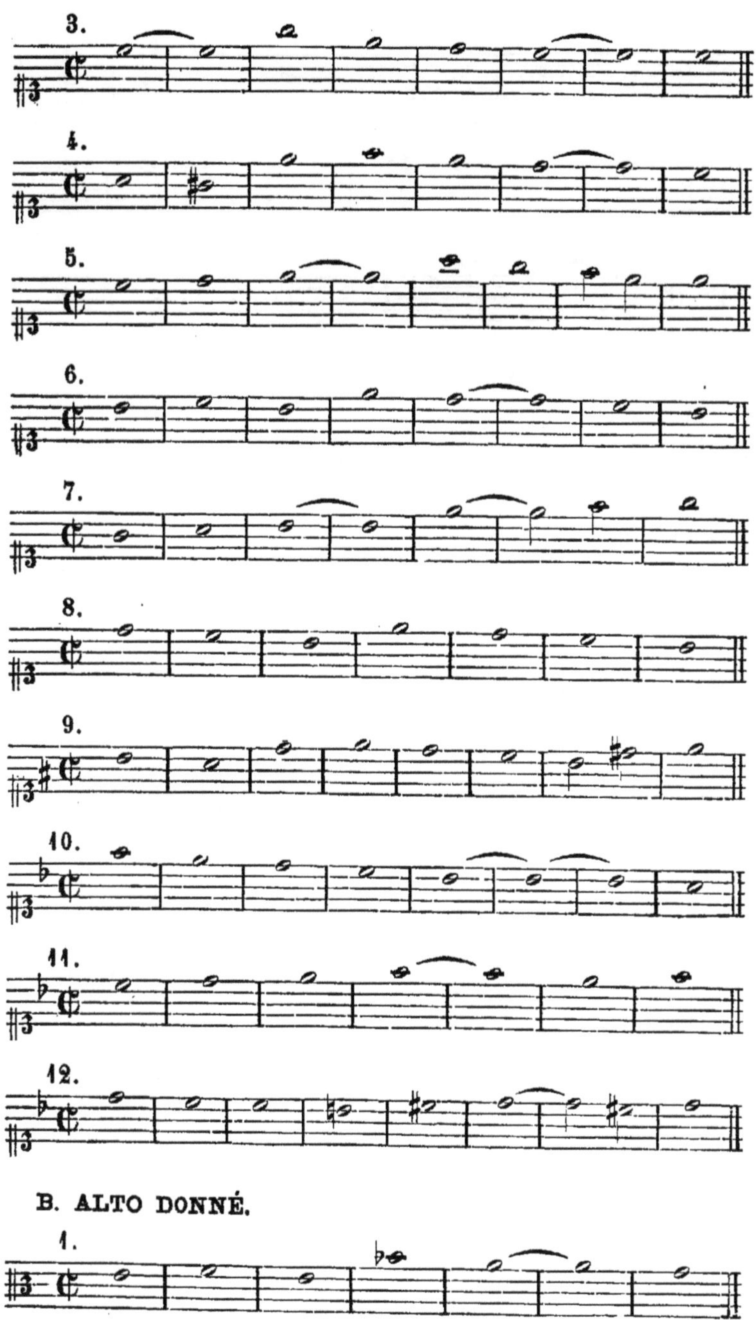
3.
4.
5.
6.
7.
8.
9.
10.
11.
12.
B. ALTO DONNÉ.
1.

2.

3.

4.

C. TÉNOR DONNÉ.

1.

2.

3.

4.

D. BASSE DONNÉE.

1.

2.

3.

4.

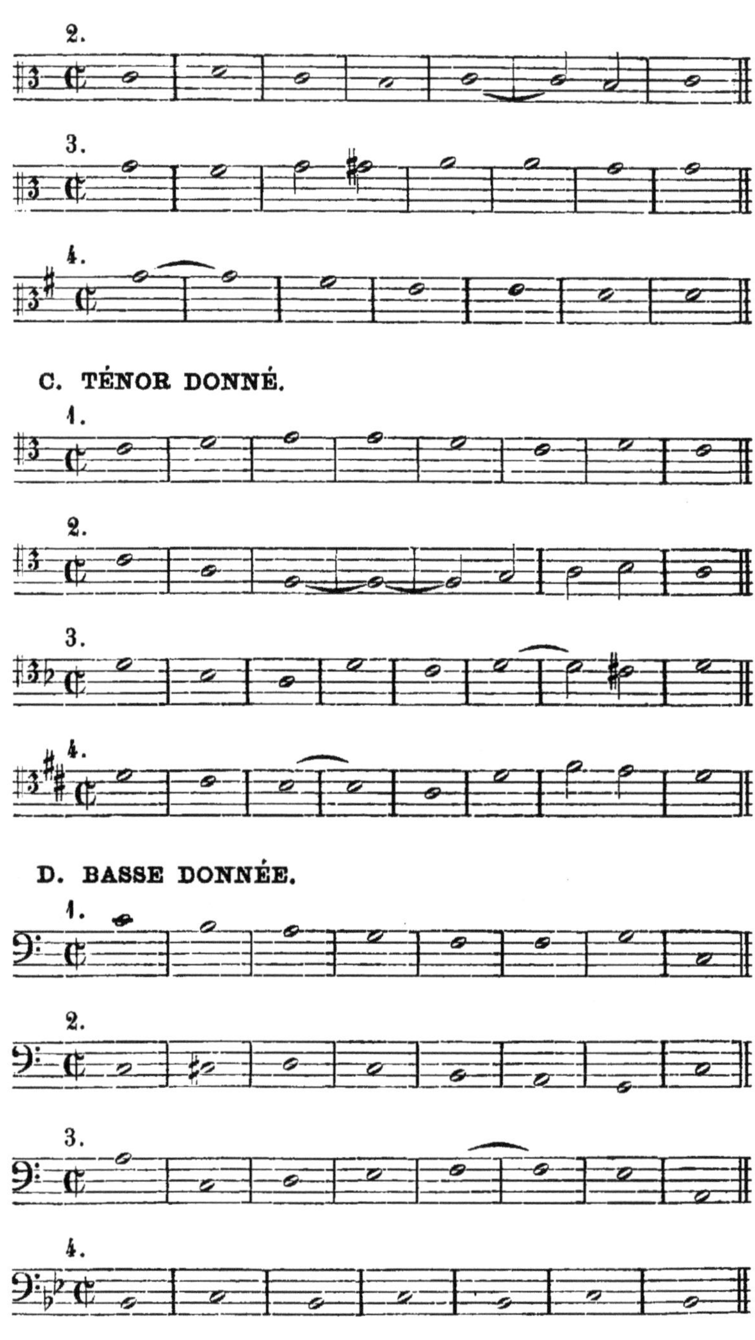

# CHANTS À HARMONISER À CINQ VOIX.

## A. SOPRANO DONNÉ.

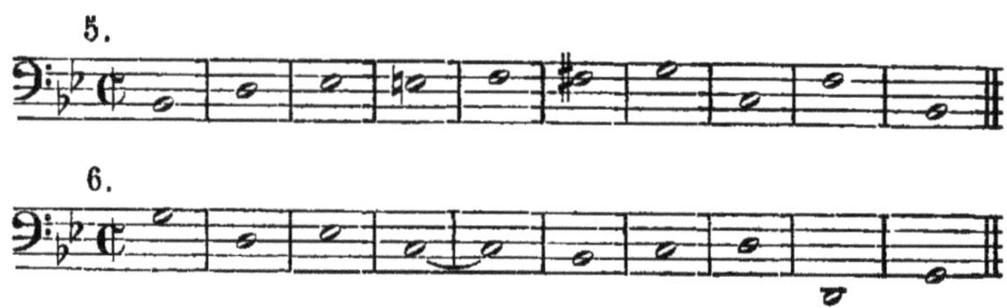


# TROISIÈME PARTIE.

## CHORALS À HARMONISER À QUATRE VOIX.

1. Ach Gott und Herr.

2. Ach Gott und Herr.

3. Ach, mein Herr Jesu, dein.

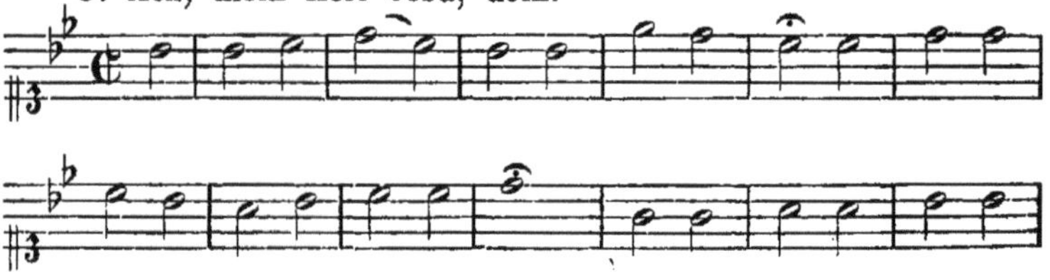

4. Allein Gott in der Höh' sei Ehr'.

5. Auferstehn, ja auferstehn.

6. Auf meinen lieben Gott.

7. Aus tiefer Noth schrei' ich zu dir.

8. Christ, der du bist der helle Tag.

9. Christus, der ist mein Leben.

10. Den Herren lobt ihr Heiden all.

11. Dir, dir Jehova will ich singen.

12. Erhalt uns Herr, bei deinem Wort.

13. Ermuntre dich mein schwacher Geist.

14. Es kostet viel, ein Christ zu sein.

15. Gelobet seist du, Jesu Christ.

16. Gieb dich zufrieden und sei stille.

17. Gott ist mein Lied! er ist —
18. Ich weiss, mein Gott, dass all mein —
19. Jesus, meine Zuversicht.

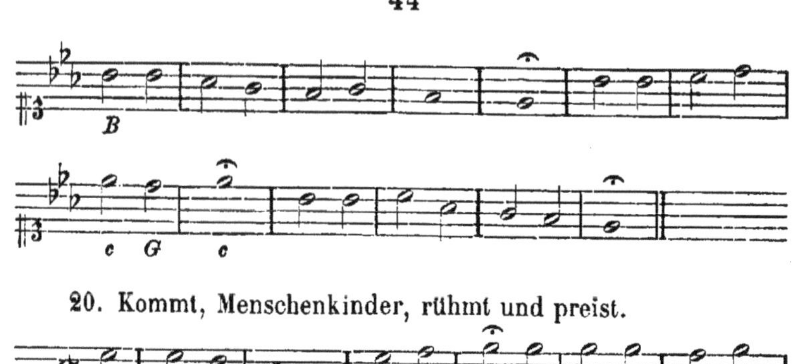


20. Kommt, Menschenkinder, rühmt und preist.

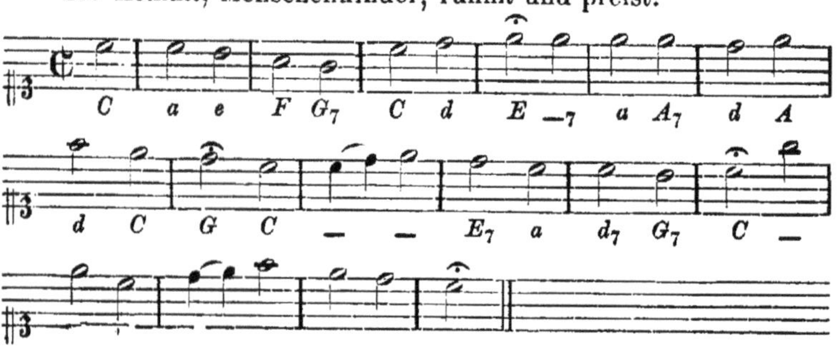


21. O Ewigkeit, du Donnerwort.

22. O Gott, du frommer Gott.

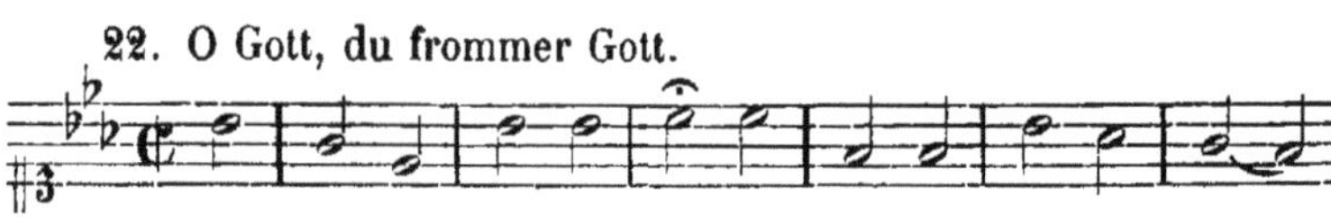

23. O Haupt voll Blut und Wunden.

24. Was Gott thut, das ist wohlgethan.

25. Wer Gott vertraut.

26. Wer nur den lieben Gott lässt walten.

Les Exercices qui, dans l'ouvrage original, font suite à ceux que nous venons de donner, étant plutôt du domaine du Contrepoint, nous croyons devoir borner ici les extraits du traité de Richter que nous offrons au public.

Fin.

www.ingramcontent.com/pod-product-compliance
Ingram Content Group UK Ltd.
Pitfield, Milton Keynes, MK11 3LW, UK
UKHW021514260726
13993UKWH00004B/1671

9 782329 333564